AMOR INCONDICIONAL

é o que você vai ter sempre, vivendo ao nosso lado...

AMOR INCONDICIONAL

E outras maravilhas...

**Somos a injeção de ânimo
que faltava no seu dia a dia.
Um soco no tédio,
um resgate do caos,
uma poção antimonotonia.**

**Somos o presente que pode
transformar o seu tempo
presente no melhor presente, sempre.**

**Somos os maiores e
melhores representantes da alegria.
A melhor tradução da folia,
da alquimia e da terapia.
O prêmio máximo da loteria.
Aqueles que não se cansam
nem de noite nem de dia...
Aqueles que o amam,
mesmo que você nos dê um
banho de água fria!**

"No mundo não há melhor psiquiatra que um filhote
lambendo o seu rosto."
Bern Williams.

Conosco, todo mundo
se sente mais leve e
mais afetuoso.
Mais “light” e mais carinhoso
Mais confiante e mais gostoso.
Os adultos
voltam a ser crianças,
a vida se torna uma festança
cheia de esperança.
Compreende-se então por que
Deus nos criou
para viver junto de você!

Somos tão bons quanto chocolate, porque somos irresistíveis. Tão bons quanto um cafezinho, porque deixamos você ligado. Tão bons quanto uma vitamina porque conosco você se anima!

Somos nós que alegramos uma casa quando a tristeza bate à porta.
Somos nós que transformamos uma pessoa que está se sentindo um lixo, num luxo só.

Ao nosso lado, ninguém se sente só.
Ao nosso lado, ninguém se sente mal-amado.
Ao nosso lado, ninguém se sente desalmado.
Ao nosso lado, ninguém se sente desamparado.
E o que é melhor: curamos a sua deprê,
sem antidepressivos e seus
efeitos colaterais.

Muitos são os casos de pessoas que superaram deprês
e momentos difíceis na vida, depois que adotaram um cão.

SUPER AMIGOS

Somos os Super Amigos do mundo real.
Defendemos você, sua família,
sua casa de todo o mal.
Pode nos chamar de Super Cão,
Aquacão, Batcão, Robicão,
Cadela Maravilha... do que for!
Hérois de verdade mesmo, somos nós.
Sempre alerta para protegê-lo por amor!

Ninguém recebe alguém com tanto
entusiasmo como nós.
Ninguém faz mais festa
quando você volta para casa.
Porque nos sentimos felizes
por sua chegada,
por estarmos novamente
na sua companhia.
Nós, realmente,
amamos você!

Somos um circo ambulante!
Mágicos, malabaristas e palhaços.
Os melhores palhaços, pois fazemos
você rir de nós, sem precisarmos dizer
uma só palavra.

Somos tão bacanas que, se quiser nos vestir com uma fantasia de carnaval, topamos. Vamos parecer ridiculos, pagaremos um *mico* danado, mas tudo bem, para nós, tudo é festa. Riremos de nós mesmos com você.

E como é bom aprender a rir de si mesmo. Desopila o figado, alivia o estresse, nos enche de alegria e energia para viver o dia a dia com jeito de quem ganhou na loteria.

"O maior prazer de um cão é que com ele você pode fazer papel de bobo, e ele não só não o reprenderá como fará, também ele, papel de bobo." .

Samuel Butler

Não tiramos um diploma nas grandes faculdades, mas podemos, e muito, ajudar você a tirar o seu. É sério! Muitos são os alunos que responsabilizam seu cão pelo sucesso nos estudos. “Metade do meu diploma eu devo ao meu cão de estimação”, afirmam, sem faltarem à verdade. Isso que é motivação, hein? Uma verdadeira injeção de ânimo.

Entretemos o seu tempo até mesmo com
truques mágicos!

Não se assuste, mas acabamos conhecendo você melhor do que você mesmo. Sabemos quando está triste, melancólico, empolgado e apaixonado. Sabemos até para qual time de futebol você torce, qual é o seu cantor favorito, a sua música preferida, o seu prato predileto, as pessoas de quem você mais gosta... O que, enfim, o faz feliz, além de nós, é lógico!

Somos aqueles que vieram para ficar!
Jamais vamos lhe pedir um tempo para pensar ou o divórcio para assinar,
nem trocar você por outro ou outra.
Somos aqueles para quem, depois de "casados", entre aspas,
vale o mandamento "até que a morte nos separe!".

Pode nos torturar de
carinhos e beijinhos,
abraços e amassos,
que tudo bem,
permanecemos zen.
Se fôssemos políticos,
a nossa plataforma
seria o carinho total,
pois o que mais
queremos é ver
feliz quem nos
faz feliz!

Gostamos muito
da companhia das crianças.
Gostamos também
de ser tratados como elas,
porque, no fundo,
somos uma eterna criança.

Conosco todo adulto volta a ser criança. E como é bom voltar a ser criança: brincar, rir, deitar e rolar pelo chão, pelo gramado, por entre as almofadas com seu cão, amigão do peito, todo sem jeito, mas de coração aberto, esperto, na paz, deixando sempre um gosto de quero mais!

Sim, sim, sim... Salabim! Temos também muito a lhe ensinar. Se for preciso dividir o nosso espaço, dividimos sem problema algum Porque não temos preconceito nem racismo. Podemos viver em harmonia com aqueles que são diferentes de nós.
O ser humano também pode, pena que a maioria tenha se esquecido disso ao longo dos tempos. Aqui estamos nós para lembrá-los!

Além disso, podemos ajudá-lo a poupar dinheiro. Prosperar!
Porque o incentivamos a caminhar e, caminhando, você fica mais saudável, assim não precisará gastar dinheiro com médico nem com remédios
Ao nosso lado, você fica menos irritado e estressado.
A irritação e o estresse baixam a sua imunidade. Com baixa imunidade, fica doente. Não ficando, você economiza mais uma vez o dinheiro que iria gastar com médico e remédios.
Com a grana que o ajudamos a poupar, você pode fazer algo que o torne mais feliz, como uma viagem, comprando ossinhos para nos alegrar.

Se não fôssemos nós,
muita gente se esqueceria
de caminhar.
Não teria estímulo para tal,
perdendo assim
os benefícios que
a caminhada traz,
fazendo maravilhas
ao corpo e à mente.

Em nossa companhia, você melhora sua disposição para trabalhar, o seu humor e, com isso, o convívio com as pessoas.
Quanto melhor o convívio, melhor o mundo, maior a paz.

A grande ironia da vida é perceber que um cão é mais sensível e colabora mais para a paz mundial que o homem, que ele é fonte de inspiração para libertar-nos de instintos bestiais que apunhalam a relação com as pessoas e com o mundo.

Nós tornamos o seu passeio com os amigos mais divertido e estimulante. Uma aventura fascinante!

Nós guiamos quem precisa ser guiado. E com a maior paciência do mundo.

"A paciência é a companheira da sabedoria."
Santo Agostinho

Com nosso charme,
o nosso olhar sedutor e
o nosso rabo carismático,
cativamos a todos.
Por isso, ajudamos
você a conquistar corações.
“O cão tem telefone?”
É uma das desculpas mais
eficazes para unir um casal.

Agora saiba, do fundo do nosso
coração, que se pudéssemos,
pode ter certeza de que,
no dia seguinte, ligaríamos para você,
mandaríamos flores, cartão,
caixa de bombons...
Bem, só a caixa, né?
Não resistiríamos ao chocolate.

Quantas maravilhas
um cão pode fazer
por você, hein?
Se você já adotou
um de nós,
você sabe...
Se não, adote!
E desfrute de
todas as maravilhas
que podemos
lhe oferecer.

Sua vida
nunca mais
será a mesma
depois que você
viver ao nosso lado,
sob o mesmo teto.

Vai se tornar
tão melhor,
tão mais alegre
e colorida
que você
vai se arrepender
de não ter adotado
um cão, muito antes.

Porque nós levamos alegria
onde há desarmonia.
Levamos paz
onde não há mais.
Levamos amor
onde há desamor ou dor.
Levamos vida a quem se
esqueceu da vida.
Por isso nos adote!

Neste exato momento, milhares de cães estão abandonados por aí, precisando de um lar, de amparo, de alguém para compartilhar o seu amor incondicional.

Há muitos sites
indicando onde
e como adotar um cão.
Procure na internete.
Na hora da adoção lembre-se:
todo cão é cão!
De raça ou não,
todo cão é cão!
Lindo, amoroso e amigão.
Sincero, companheiro,
puro coração.
Todos sem distinção.

Procure também informações sobre a Lei da Posse Responsável. A posse responsável é, a curto modo, o conjunto de várias atitudes, envolvendo proprietários e veterinários, visando ao bem-estar animal.

Mesmo que sua casa seja pequena ainda assim você pode adotar um de nós. Certas raças cabem dentro de uma bolsa.

Quanto a nossa higiene, não se preocupe. Se você não tiver tempo e jeito para fazê-la por nós, um Pet Shop perto da sua casa fará. Lá eles dão banho e tem um médico veterinário para cuidar da nossa saúde.

Saiba que jamais seremos um transtorno na sua vida; onde você for, iremos com prazer, com a mesma empolgação.

Basta nos arranjar um cantinho ou um colinho que lá vamos nós: sorrindo, amando, de bem com a vida, felizes...
Como membros da sua família, aonde ela for, juntos estaremos! ...

Saiba também que não precisamos de luxo algum para sermos felizes. Sua companhia e um bom prato de ração bastam para nós.

Fique tranquilo, você vai nos compreender. Pelo olhar, dizemos tudo. O que estamos sentindo e necessitando naquele segundo. Qualquer um pode nos entender, em qualquer parte do mundo, porque a nossa linguagem é universal.

Nós vamos aprontar. Sim, nós vamos aprontar! Você vai nos deixar de castigo, vai, e vamos aguardar ansiosamente sair dele para brincar novamente com você. É muito difícil para nós perceber quando o nosso dono está zangado conosco, pois gostamos dele de todo jeito. Com cara de mau, bravo, cuspindo fogo pelas ventas...

O cão perdoa com facilidade, não guarda rancor, jamais perde a alegria porque alguém ficou bravo com ele. Ele aprende a se comportar melhor com elegância e entusiasmo! Quem dera os seres humanos agissem assim também...

Talvez você receie adotar um cão porque sofreu muito com a perda de um anteriormente. Ainda assim vale a pena transformar a sua dor num gesto de amor: adotando um dos muitos cães que querem compartilhar o seu amor incondicional com você! Quem adota um cão, adota um coração dentre poucos. Raro, como um diamante raro.

E, por favor, não menospreze o seu cãozinho só porque ele está velhinho ou doentinho. Muitos adotam um novo cachorrinho e se esquecem do velhinho só porque ficou velho. Ninguém gostaria que fizessem isso consigo, por isso continue dando amor ao seu cão, esteja ele doente ou velhinho, o mesmo amor que você daria para um cãozinho novo.

Adote um de nós para amar! Não para judiar.
Muita gente machuca um cão por pensar que ele
é simplesmente um bicho, sem alma e sem coração.
Que não merece respeito tampouco consideração.
Quão tolo é aquele que julga um cão inferior ao homem.
Nós, os cães, podemos ter mais pelos espalhados pelo corpo e orelhas
mais compridas do que você, ainda assim somos tal e qual o ser humano.
Amamos, choramos, rimos, brincamos...
Duvida? Siga em frente...

Nós também amamos.
É sério!
O amor acontece conosco
da mesma forma que
acontece com você!
Nós paqueramos,
nos apaixonamos
e, quando a paixão
explode dentro de nós,
haja coração
para tanta emoção!

Somos também muito
persistentes
(na área do amor)
Se o amoreco não
nos dá um "selinho",
um lhe será tirado
de surpresa.
É tão difícil segurar
quando bate aquela
vontade de beijar
quem se ama, não?

Sentimos também aquela vontade louca de casar e celebrar a nossa união com uma grande festa (de casamento) e uma lua de mel inesquecível...

Dizemos também, na nossa linguagem, é claro:
"Eu te amo!"
"Eu te amo muito mais!"
"Eu te amo bem mais do que você me ama!"
"Que nada, eu te amo bem mais"
"Nunquinha! Ninguém ama como eu amo!"
E por aí vai...
É, nós também temos ego.

Somos uma grande família como a sua.
Visite uma casa onde é possível morar uma família de cães e você verá que nós também nascemos com o direito divino de construir uma família!

Nós também somos mamães. E como toda mãe ficamos felizes com o nascimento dos nossos bebês. Amamentamos e os alimentamos com grande alegria e procuramos dar atenção a todos por igual, como faz a mamãe de todo mundo. Ah, nós também apartamos as brigas entre irmãos.

Nós gostamos também
de ficar na barra da saia
da nossa mãe.

Vivemos também os conflitos de geração
porque o filho acha “demodê” latir para o carteiro e o pai acha o máximo.
O pai prefere comer pão e o filho ração, porque é mais saudável...
Mas, no final, tudo se encaixa,
porque o amor fala mais alto e,
onde há amor, a harmonia volta a
estar sempre em nossa companhia.

Somos também: tal pai, tal filho.

Encaramos os nossos problemas, cochichamos, contamos segredinhos, fazemos fofocas, tudo enfim, que todo mundo faz!

Nós também curtimos surf...

...ficamos vendo as formas das nuvens...

...adoramos passear por entre o verde da natureza, respirando ar puro.

Somos “pop star”
e de “balada”
também!

Assim como você, gostamos também de ser lembrados no nosso aniversário. De ganhar bolo com velinhas, presentes com fitinhas, bexigas azuis e amarelinhas, tudo, enfim, que um bom sujeito, amigo do peito tem direito nesse dia tão feliz.

Inúmeras são as pessoas que comemoram o aniversário do seu cão, ou cães de estimação. O bacana é notar que o cão sabe que a festa é para ele. Observe pelo agito do rabo, pelos pulos e latidos de alegria. Observe, também, o quanto eles amam receber presentes, nem que seja um simples e pequenino ossinho.

Tá, tudo bem, nós também formamos duplas sertanejas.
Especialmente quando precisamos fazer uma serenata
para conquistar o coração de uma vira-lata.
Quando o assunto é paixão, amor, não há
cantada melhor do que uma boa cantada.
Ou melhor, uivada!

Somos também “costas largas”.

Sim, nós também vamos ao salão de beleza e ousamos fazer todo tipo de corte de cabelo. Às vezes, ficamos ridículos, porém, mesmo ridículos, não perdemos o charme. Continuamos irresistíveis, despertando aquela vontade enorme em você de nos abraçar, beijar e nos mostrar para todo mundo, dizendo: “Olha que fofo!”. É duro nascer para arrasar corações, o que se há de fazer, senão aceitar que somos demais?!

Acompanhamos a evolução dos tempos... Se for possível, até paqueramos pela internete.

Há sites, hoje, para ajudar você a encontrar parceiros para namorar com seu cão de estimação ou fazer-lhe companhia.

Parecemos desatentos, mas estamos ligados a tudo o que se passa a nossa volta. É lógico que só damos trela para o que nos interessa, o que não, fingimos de surdos, como todo mundo faz.

Somos também intelectuais...

Tomamos banho...
Se bem que a maioria
de nós não é muito chegada
a um banho, não!

Somos vaidosos...

Espelho, espelho meu, existe um cão
mais gostosão do que eu?

Fazemos a sesta depois do almoço para revigorar as nossas energias.
Quem se espelha em nós, mais prós do que contras terá no seu dia a dia.

Gostamos também de acordar tarde nos fins de semana. Ainda mais se o nosso dono nos deixa dormir na cama com ele.

Nós também prevemos
o seu futuro:
será ainda mais feliz
quando estiver
ao nosso lado!

Somos “boys” e “playboys”.

Com nossa pinta de modelo internacional, desfilamos,
posamos para grandes artistas, atuamos em comerciais,
somos capa de revistas...

Ai, como eu sou fofo!
Sou tão fofo que eu mesmo
não me aguento!
Sinto vontade de me apertar, beijar,
dizer “Como você é fofo!”

Somos celebridades, também!
Atuamos em Hollywood, ao lado de grandes astros do cinema.
Fazemos parte dos grandes clássicos da literatura.
Quem não se lembra de Lassie e Rin Tin Tin?

Os desenhos animados conosco tornam-se tão famosos que passam de geração a geração.
Quem não conhece Scooby Doo, Snoopy, Bionicão, Mutley, Bob Pai e Bob Filho?

Nós também temos o nosso “prato favorito”.

Tal como o ser humano aprendemos tudo aquilo que alguém tiver a paciência de nos ensinar. Somos mais capazes do que todos pensam!

Somos reis e rainhas
ao menos na nossa casa!

Ficamos também por dentro da notícia.
Por dentro até demais!

No verão um ventilador vale ouro!
Afinal, o calor está para todos os seres vivos por igual.

Assim como você, nós também recebemos um nome quando nascemos. E geralmente gostamos do nosso nome, por mais estapafúrdio que seja. Podemos estar em qualquer lugar do mundo, que atenderemos sempre a quem nos chamar pelo nome.

Tal como você, dormimos em frente à TV.

A propósito, nós também sonhamos, sabia?
É só prestar atenção em nós quando
estamos dormindo. Suspiramos,
gememos, choramos, rimos...
Ah, e muitos dos nossos
sonhos são com você!
E tem gente que ainda
pensa que a gente é
muito diferente
do ser humano, sei...

Até na ceia de Natal, se for permitido, lá estamos nós!
E não importa se vamos receber um presente ou não.
Não existe presente maior para nós do que estar
na sua companhia, receber a sua atenção, ver
você feliz ao lado de quem o faz feliz. Além de nós, é óbvio.

Temos também o nosso brinquedo preferido e aquele jeito só nosso de dormir.

Somos carentes.
Como toda gente,
queremos colinho.
Só que quando você
cura a nossa carência,
você cura a sua carência,
porque tudo o que você
faz por nós,
você acaba fazendo
por você mesmo!
Você recebe em dobro!

Somos sensitivos. Sabemos quem gosta de nós ou não.
Sabemos quem está com aura carregada, precisando de carinho e atenção.

"Se depois de você olhar bem
nos olhos de um cachorro
ele não o seguir,
vá para casa e
examine a sua
consciência."

Woodrow Wilson

Ficamos chateados também. Mas só quando ficamos longe daqueles com quem convivemos. É que morremos de saudades deles.
Os terapeutas afirmam que praticar o desapego é muito bom para o equilíbrio pessoal, mas que tal praticarmos esse tal de desapego juntos, lado a lado, feito namorados?

Tal como você, há dias em que não queremos nada na vida, a não ser ficar de papo pro ar, tomando banho de sol, sem pensar em nada, sentindo apenas o prazer de existir nesse universo infinito, lindo e colorido.

Gostamos também
de registrar os
bons momentos
com os amigos
e familiares.

Infelizmente nós também ficamos dodói e precisamos ser examinados pelo médico *veterinário.* Não gostamos de tomar injeções nem remédios, mas precisamos se quisermos ficar saudáveis novamente. Às vezes, precisamos ser operados, fazer acupuntura e fisioterapia para cães. Até mesmo dieta precisamos fazer, caso nossa saúde esteja abalada.

Assim como você, atravessamos períodos difíceis na vida. Períodos de convalescença, por exemplo. Mas enfrentamos esse processo sem esmorecer, de cabeça erguida e otimista!

Nós também sentimos muito a perda daqueles que amamos
da mesma forma que eles sentem a nossa perda.

Pois é, como acontece com todo ser vivo desse planeta,
um dia chega a hora de dizermos adeus. Partir desse mundo,
deixando saudades em todos aqueles que conviveram conosco
porque criamos laços afetivos, sentimentos profundos, amor infindo...
Nos tornarmos uma grande família. Demos sentido a vida um do outro.

Como pode perceber,
somos bem semelhantes
aos seres humanos.
Seríamos mais, se fôssemos
mais inteligentes,
pode pensar você.
No entanto, de que serve
a inteligência humana
se é usada por muitos para
criar bombas nucleares,
cometer atentados
terroristas,
ter racismo,
preconceito, ganância?
Isso é realmente
inteligência?
É diante desses fatos que
percebemos o quanto
o nosso nível de
inteligência está
muito bom para nós.
E que inteligência mesmo,
é curtir as coisas
simples da vida,
amando
incondicionalmente.

Não é à toa que
muitas pessoas dizem:
"Quanto mais observo
os homens, mais me
encanto pelos cães."

E para onde vão os cães após a morte?
Se um ser vivo tão carinhoso e altruísta, com amor incondicional e verdadeiro, puro de coração, incapaz de tramar maldades mundanas, existe neste planeta, ele merece o céu, bem mais do que muitos seres humanos que só souberam espalhar o mal e a discórdia durante sua estada no planeta.

Adote um cão.
Ele tem muito a lhe ensinar
sobre a vida e sobre você mesmo!
Ajudá-lo a descobrir
que o amor incondicional existe
e é o sentido mais lindo da vida!

AMOR INCONDICIONAL

**COM CARINHO,
TODOS OS CÃES DO MUNDO**